AF450113

Colección de poesía
WALLADA

ExLibric

VARIAS AUTORAS

Colección de poesía
WALLADA

Nº 10

EXLIBRIC

ANTEQUERA 2020

VARIAS AUTORAS

Colección de poesía
WALLADA

Coordinada por
Aurora Gámez Enríquez

Nº 10

Colección de poesía
WALLADA

Coordinada por
Aurora Gámez Enríquez

PINTORAS ILUSTRADORAS GRUPO ALAS
Soledad Fernández Ramos
Larisa Sarria

POETA INVITADA
Rocío Cardoso

POETAS GRUPO ALAS
Aurora Gámez Enríquez
Inmaculada García Haro
Fuensanta Martín Quero
Encarna López Navarro
Mercedes Sophía Ramos
Rosa Ruiz Gisbert
Alice Wagner Ortuño

"Estoy hecha, por Dios, para la gloria,
y camino, orgullosa, por mi propio camino.
Doy poder a mi amante sobre mi mejilla
y mis besos ofrezco a quien los desea."

Wallada bint al-Mustakfi, poeta andalusí siglo XI.
Princesa de la dinastía Omeya.

"El Grupo ALAS lo conforman autoras libres que, desde
la heterodoxia estética, asumen el uso de la palabra, la creación
literaria y el arte, como obligación social bajo los irrenunciables
principios del compromiso y el comportamiento ético."

(Manifiesto Grupo ALAS,
www.alasescritorasyarte.com)

MUJER MENGUANTE

(Selección)

ROCÍO CARDOSO

Ilustración de Soledad Fernández, (Madrid, 2020)

ROCÍO CARDOSO nació en Montevideo (Uruguay) en 1955. Reside en Punta del Este desde el año 2006. Poeta y escritora. Creadora de la serie infantil *Talula*; gestora cultural; presidenta del Encuentro y Congreso Internacional de Literatura; miembro del Comité Científico Internacional del I Congreso Internacional Marco Antonio Corcuera (2017), organizado por la Fundación Marco A. Corcuera y la Universidad de Piura. Del 2016 al 2017 formó parte de la Comisión «*Alcalde por un día*» del Municipio de Punta del Este (Uruguay). Integró la delegación oficial de escritores participantes en la 1ª Feria Internacional del Libro de Ayacucho, FILAY 2017, en la que Uruguay fue el país invitado de honor.

DISTINCIONES RECIBIDAS: Distinción Mujer destacada en la Cultura 2019, Foro Femenino Latinoamericano, Mar del Plata, Argentina (2019). Distinción por su destacado aporte Cultural en la 1er. Semana Internacional de Literatura infantil y juvenil, Municipalidad Distrital de Bella Vista, (Lima, Perú 2019). Premio Incentivo, Intendencia de Maldonado, con la obra *Escondida detrás de su sombrero* sobre violencia de género (Maldonado, Uruguay, 2018) 2º Premio Concurso Literario Dr. Alberto Manini Ríos, por la Asociación de Escritos del Interior, con el libro *La clandestinidad de las ventanas* (AEDI, Montevideo, 2018). Distinción por su destacada labor cultural por la Asociación Jornalistas y Escritoras Do Brasil (Porto Alegre, 2017). Premio Internacional Grandes Mujeres 2017, en reconocimiento a su labor poética y su compromiso en defensa de la mujer, por la World Federation For Ladis Gran Masters (Bs As, Argentina, 2017).

> *«…están firmes mis pies sobre la tierra,*
> *mi mano escribe esta carta en el camino,*
> *y en medio de la vida estaré siempre…»*
>
> Pablo Neruda

Sentada en la playa
como alguien que no espera,
mira pasar noctilucas estelares
y nostalgias.

Se aísla del paisaje
entre dunas y arena,
y es una flecha suelta,
buscando
otros puntos cardinales.

Duerme ese sueño
en temblores de ángeles
escoltada por el viento,
que vaga
por el aroma del mar
que la somete al olvido.

Solo el rumor de algún barco
trae a su memoria
la inquietud de la playa.

El otoño y el sol
caen antes de tiempo.

Ella cabalga
el vértice del atardecer,
esa intangible espiral
que la lleva
cada vez más lejos,
sin que nada de él
    ocupe su recuerdo.

Recorre el universo
como espíritu descontento
en búsqueda
de su identidad extraviada.

Su alma huye
ya no quiere pasiones
cercando su cintura;
su cuerpo vacío
es cristal quebrado
en el umbral de sus ojos.

En su tiempo de muelles vacíos
pierde las palabras
que silencian su nombre.

Es grito de tormenta
desvestida en flores secas.

El día y la noche
devoran el secreto
de ese mar de cuarzo,
iluminando la isla desde lejos

Los barcos se reflejan en esa luz
y son luciérnagas
repletas de misterios
donde ocurren cosas sospechosas.

Al amanecer,
ella solo parpadea
dibujada de abandonos.

Es pájaro anónimo
entre sábanas,
imagen inmóvil
como una estrella
    más allá de la noche.

Despierta con sus cabellos
y el cuerpo sofocado
en la distante curvatura del día.

La nada es el paisaje.

Su corazón guarda secretos
que enredan
    el tejido de su vientre.

Es posible que olvide
el reverso y el ritmo silencioso
en la fragilidad del amor.

IMÁGENES lejanas llegan con el mar
y sus ojos viajan envueltos
en esa acuarela de misterio.

El agua y la arena
amasan asombros
en la memoria de su cuerpo.

Al filo de la tarde,
las olas humedecen sus pies,
mientras intenta
buscar su inocencia
en este mundo torpe.

Fue preciso que cayera
para que su conciencia
no la dejara
muerta en un rincón.

Su mirada se pierde
en el azul del mar
que la ahoga en un grito.

En el extremo de la tarde
busca las contraseñas
y solo retiene
soledades convertidas
en fantasmas
que se apoderan de ella.

Quiere abandonar
su tormento en la playa,
mientras busca lo insondable
en su rostro de mujer menguante.

LOS cristales reflejan
sus ojos abrigando su piel

extasiada de tranquilidad
ilumina con incienso
            para armonizarse

renunciando a su ayer
para transmutarse
y vivir su presente

agradeciendo a Dios
            su existencia

ESE mar del Este
refleja
sus ojos abrigando su piel

siente el abrazo del astro
para abrirse al espacio

en ese conjuro de mujer Celta
construye fortalezas de fuego
contra las tormentas
para comenzar de nuevo

ÉPICAS Y SÓRICAS

(Selección)

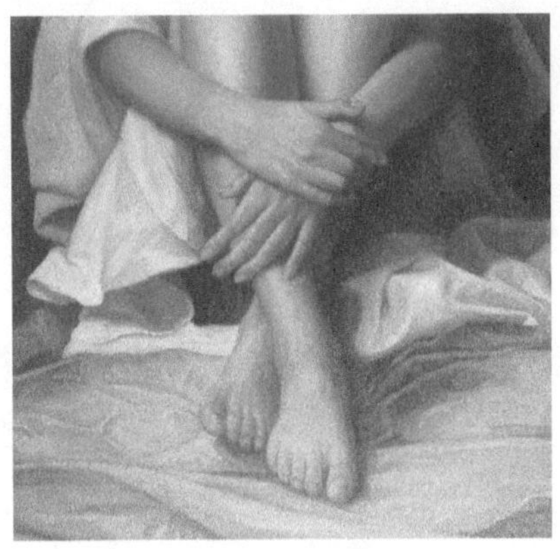

AURORA GÁMEZ ENRÍQUEZ

Ilustración de Soledad Fernández, (Madrid, 2020)

AURORA GÁMEZ ENRÍQUEZ, Coín (Málaga, 1956). Licenciada por la Universidad de Barcelona. Formó parte de los Equipos distinguidos con la «*Medalla del Ateneo de Málaga 1998*»; del *Premio Meridiana* 1999, Premio Andalucía (2010 y 2016). Incluida en la Exposición «*Mujeres con luz propia*» de la UMA (Universidad de Málaga) y en: «*El bosque de los libros*» Junta de Andalucía. El Congreso Americano de Literatura le concede la distinción «*Alicia Moreau de Justo, en 2016*. Como Presidenta Grupo ALAS, recibe la *Medalla de Oro de las Letras* de la Academia de las Artes y las Letras «*Santa María de la Victoria*» de Málaga, año 2020.

Su obra ha sido traducida al inglés y al alemán. Tiene numerosas publicaciones de poesía, artículos y reseñas literarias en revistas, antologías y libros. Es vicedirectora en *Sur-Revista de Literatura*, Colabora en la *Revista Entre-Ríos «Arte y Letras»* de Granada y Revista *Dos Orillas*. Dirige www.alasescritorasyarte.com y el Ciclo «*Librepensamientos*» Grupo ALAS. Su obra poética se recoge en una Antología en 2009, su libro de ensayo: «*Praxis feminista*» es especialmente significativo. En 2013 publica, «*Haikus a tres voces – Three voices haikus*», en la Editorial Celya de Toledo. La versión alemana *DREISTIMMIGE HAYKUS, ÜBERSETZUNG* VON ALICE WAGNER, traducida por Alice Wagner, está en imprenta. El libro «*Del azahar era el valle*», bilingüe en 2017.

Pertenece a la Junta Directiva de la Asociación Humanismo Solidario. Es presidenta del Grupo ALAS y Delegada de ACE, —Asociación Colegial de Escritores de España, Sección Autónoma de Andalucía—.

«Inmensidad. No es nieve.
Es la dureza blanca de la luna
laminada en el lago».

Rosa Romojaro (1948)

1. SÓRICA ERES

A María Miralles, a sus lúcidos 84 años

Ayer te vi camino de tus sueños,
entre la muchedumbre transitabas;
no lucías banderas ni estandartes.
Reconocí tus ojos por el brillo
violeta en la mirada y rendido humanismo.
Tus años emocionan, mi voz se hizo ternura.
Te muestras insegura en mi presencia,
rehaces la postura y me comentas
ofreciendo tu sabia inteligencia.
Sigues en la marea envuelta en tus ochenta
y tantos cumpleaños. Me reconocí en ti
al reflejarte en la luz de las otras.
Mis recuerdos de luchas y derrotas
se alejan con tu imagen luchadora y veraz
entre la muchedumbre de ese día
ante tu existir de mujer enérgica.
¡Es ella, diluyéndose entre todas!
Mirada clara, estrella y luz, dulzura

su andar seguro con futuro incierto,
tutora singular, mujer de acierto,
impulsora ideal, creativa y dura,
fiel amiga, predica en mundo injusto.
Mar de ilusión sin par sonrisa abierta, estrella
avanzamos con ella en alta pleamar,
progresa contra el viento y la marea,
educa pese a todo, resuelve con bondad,
sonríe a la desgana, junta amigas,
valiente, dulce, agreste, invita al vuelo.

2. MAREA VIOLETA, TREN DE LA LIBERTAD.

A la sororidad del Grupo ALAS

Esta marea inmensa de mujeres
el sentimiento esparce, mueve al viento,
actúa con palabras y argumentos
en voz en grito piden lo que quieren.

Se encuentran, se reúnen y debaten
ideas con honestas intenciones;
en marcha ponen trenes y aviones
latiendo el pensamiento el desenlace.

No dan un paso atrás, no quieren darlo.
Nunca los malos tratos, los abusos,
nunca jamás la muerte que asesina.

Quieren amar sin límite y contarlo,
impulsar el querer sincero y puro;
por eso luchan por salir unidas.

Alianza y justicia,
y avance en el camino de la paz
igualando a los seres con bondad.

«No me digáis que no es posible.
Al menos, no me lo digáis.
Dejadme
como se deja al loco en su utopía.»

Paca Aguirre (Alicante, 1930-Madrid 2019)

3. ALAS PARA SIEMPRE

A Mercedes Sophía Ramos

Tus versos pueden ser hojas caídas
de un otoño tardío.
De penas te desprendes, de dolor.
No impones la bondad ni tu criterio,
ni dices lo que no quieres decir.
Tus versos son dolor, duelen el alma;
quieres veracidad en tus palabras,
no concedes piedad a tu valor oculto.
Amiga,
estremecen tus versos.
No dejes de enfrentarnos con tu lucha,
ni escondas tu dolor por más que duela,
ni entre los lienzos,
ni entre las lágrimas.
Nos haces libres cuando muestras tu alma.

4. SIEMPRE ALADA

A Fuensanta Martín Quero

Poeta lírica en los versos blancos.
Entre palabras bellas y sonetos
nos vamos confiando los secretos
del devenir de los asuntos altos.

Es siembra ponderada el verso libre
quitando siempre las banalidades,
vamos quedándonos con las verdades
o, simplemente, con lo imprescindible.

Partimos al azar por esta vida
llevando nuestros sueños por bandera
puesta en el corazón la mano nuestra.

Más sólido es tu afecto, amiga mía,
que el tiempo detenido en nuestra entrega.
En el camino está la recompensa.

Tu amistad fortaleza.
Como niña contigo he de pensar
como nadie podemos conversar.

5. LIBERACIÓN ALADA

A Inmaculada García Haro

En un foro común nos encontramos
en la calle del mundo dolorosas
en la lucha de amor nos transformamos
compañera de líricas y prosas.

Un mundo que quisimos conjugar
con amor, amistad y con belleza
plantamos la semilla en buen lugar
conjugando palabra con nobleza.

Liberando el dolor de nuestra alma
codo a codo pusimos los cimientos
de este castillo alado verso a verso.

Mira el camino hecho todo en calma
con belleza color y sentimientos
un lenguaje de paz un universo.

«Y a las piedras les digo, del camino,
que son mis hijas ellas.
Ellas, que nunca sienten,
que no recuerdan nunca y nunca olvidan.»

Pilar Paz Pasamar, (Jerez de la Frontera (Cádiz) 1933 - Cádiz 2019)

6. ESTREMECER DE ALAS

A Alice Wagner

Si es un arte el amar, tú eres maestra;
la voluntad, tesón te ha acompañado;
al ser amado siempre has cultivado
con tu saber estar, amiga nuestra.

Celebremos la vida, siempre es bella.
El pasado, el presente, en consonancia
nos proporciona el temple y la constancia
necesaria en el tiempo en que se sella.

El pacto con la vida, con la muerte
la alianza con los sueños, la poesía
el sello inconfundible de estar viva.

Las claves del silencio es nuestra suerte,
la palabra y el verbo es la alegría,
la amistad comunión siempre afectiva.

7. ÍNSULA ALADA

A Paquita Moreno

Pasado el tiempo hubo quien de sus muchos mitos
recuperara, el cielo de la diosa Megera,
los quebrantos, los hitos, toda su voz oscura
en armonioso rito.
Con su firme conciencia decires y poesía
nos dejó cual maestra.
Mucho dolor se agrupa en su costado.
Su sueño persiguió perseverante
contando el tiempo se perdió entre lienzos
en busca de obtener la perfección.
Exquisitez, solera.
Todo su empeño en ser buena escritora
relatos y novelas se atesoran
con tesón, con oficio, con esmero.
Poeta del silencio.
Entre sus versos un cantar de mirlos,
fragancias del ayer en la alborada.
Esperando los sueños tenazmente.
Ella es ínsula alada.

LAS MORADAS DEL AGUA

INMACULADA GARCÍA HARO

Ilustración de Soledad Fernández, (Madrid, 2020)

INMACULADA GARCÍA HARO nace y reside en Málaga. Es licenciada en Filosofía y Letras, especialidad de Historia del Arte, y cuenta con numerosas publicaciones de poesía, narrativa, ensayo y crítica literaria, entre las que destacan *Historias de Babilú, Uno de corazones, Las hijas de Yemayá, La sangre de Erato, La creación literaria y artística realizada por mujeres: estudio testimonial de la desmemoria historiográfica,* etc. Su obra ha sido traducida al inglés, rumano, holandés y alemán. Es colaboradora habitual, entre otras revistas especializadas, de *Sur. Revista de literatura,* de la que forma parte del equipo de redacción. Ha participado en numerosas antologías, encuentros y congresos de poetas nacionales e internacionales y ha sido galardonada, entre otros premios, con la Medalla de Reconocimiento a la Actividad Literaria de la Editorial Botella al mar, en Punta del Este, Uruguay, 2018. Como gestora cultural promueve la igualdad de género en el ámbito literario y artístico desde el Grupo de Autoras por la Literatura y las Artes (Grupo ALAS), de la que es vicepresidenta, y donde ha realizado, desde su fundación en 1999, numerosas exposiciones temáticas en conmemoración del 8-M, Día Internacional de la Mujer, y el 25-N, Día Internacional contra la Violencia de Género. Además, ha comisariado, entre otras exposiciones, *La ingravidez de la carne,* de la pintora Soledad Fernández, y Cuéntalas. 16 años de gestión cultural en femenino, de la fotógrafa Van García. Asimismo, pertenece a Grupo CAPITEL, a la Asociación Colegial de Escritores de España-Sección Autónoma de Andalucía (ACE-A), al movimiento Humanismo Solidario, a la Asociación cultural y Científica Isla de Arriarán, al Grupo Málaga, a CEDRO y al ateneo de Málaga.

DUDOSA SINGLADURA

A Antolón y Silvana
Rumbo a Cabo Roig (Alicante) 19/8/2018

Ruges bajo mis pies como un pliego de plata
desatado en arrugas por la abrupta marea.
Me invitas a tocarte y a mezclarme contigo,
a nadar en tus sombras de abisales cavernas.

Un Neptuno imbatible agita tus raíces
invocando mi nombre para cumplir sus ritos.
Tientas a mis sentidos con hipnóticos trinos
seduciendo mi cuerpo, que se rinde sin tregua.

Pero el velero impide abandonar su borda
y amenaza el recuerdo del último naufragio.
Mi consuelo es tu olor, tu brisa y tu paleta
secreta en sus matices de imposible pincel,

que observo desde popa, despidiendo sedienta,
toda el agua que arroja el deseo que la quilla
partió en dos mitades: una brilló eterna
en escamas de aire y otra en tierra dudó.

EL PAÍS AZUL

Curtea de Argeş (Rumanía). 2017
(De «Los Perfiles del frío». Poemario Inédito)

La ropa, los objetos, los libros
y todo aquello que acompaña un viaje
se resume en un listado que alivia mi memoria
y a un sinfín de mostradores, colas y pasillos
hasta alcanzar la meta
del último pasaje de la puerta de embarque.

El animal mecánico me eleva,
el mar es el subsuelo que escupe olas blancas,
espermatozoides navegan sobre la masa amniótica
del útero marino.
Asombra su grandeza azul bajo las nubes
en mi ruta hacia el país rumano.

Atrás queda la piel
que la serpiente hizo mudar en mí;
sus escamas se llevaron el recuerdo en sus células
y otras nuevas me cubren.

El uróbolo anuncia el final y el comienzo:
salir, partir hacia otro horizonte.
Desde arriba solo se ve lo que brilla,
lo oscuro desaparece.

LAS MORADAS DEL AGUA

«El mar en que te adentras es un círculo de sangre»
José Luís Ortiz

Playa de la Flecha. Rompido
Huelva, 2019

Todo llega hasta la punta de la flecha,
esa lengua de tierra que horada el océano.

Allí floto. Regenero ciclos
y desde mi centro avanzan olas concéntricas,
las mismas con las que anoche
rompiste las redes de mi vientre.

Sumergida en su límpida médula
escucho los ecos vertidos de todos los sonidos:
las voces de una miríada de parturientas,
los jadeos de los amantes esquimales,
la percusión del *sabar* senegalés,
los aullidos de los perros de la Antártida,
la estampida de manadas de antílopes en la sabana,
o el roce de una hoja en la caída otoñal.

Cada ola se vierte en la herida
como una diadema de espumas que ara la arena,
pero antes salté sobre ellas, bajé a sus abismos e invoqué la
esencia
del agua de todas las aguas,
del grito de todos los gritos,
de la vida de todas las vidas.

LA MIRADA DE LOS HAMER

(Écfrasis a la fotografía «Mercado Hamer I»
—mujer etíope—,
obra de Javier Rodríguez Barranco)

Una nube de polvo disipada
me ofreció tu rostro en la sabana;
con tu mano oferente me atrapaste
y recorrimos juntas la ribera.

El Omo nos mostraba sus meandros,
que en las franjas boscosas de su margen
un cocodrilo agrede con su cola.
Los poblados asoman pardos conos.

Era martes: me llevas a Dimeka
y en el mercado exhiben sus colores
todas las tribus que alzan la mirada

como tú, que en tu sangre portas venas
que un fotógrafo roba inútilmente
para captar la savia de los Hamer.

EL RASTRO INVISIBLE

*(Écfrasis al «Retrato de la escritora María
Rosa de Gálvez», obra de Larisa Sarria)
«También al bello sexo le fue dado / a la gloria aspirar...»
Maria Rosa de Gálvez*

Guillotina de olvido, como a Olimpia,
cercenó tu recuerdo y tu legado,
tu sapiencia elocuente e ilustrada
que exhibiste en salones y teatros.

Del pequeño Madrid de Andalucía
tu linaje forjó una noble estirpe;
Macharaviaya abría su horizonte
hacia extensos confines de ultramar.

Pero entre aquellos naipes se perdieron
tu rostro, tu apariencia y tu osadía
que quiere ser ahora rescatada

por la artista que admira tu elocuencia,
tu insumisa lección incomprendida
que salva con pincel en tu mirada.

POZO DE MAREAS

Un lluvioso diciembre me alumbraron
en un limbo azul como escenario
con escasos actores de reparto
que anunciaba la ausencia
de una infancia de cuento
en un mar turbulento y arriesgado.

Pero entre mis rodillas anidé
un pozo de mareas en la palabra
filtrando sus envites
hacia claros veneros
donde lavé agravios
y deposité mi carga.

LA PALABRA QUE LLEGA

FUENSANTA MARTÍN QUERO

Ilustración de Soledad Fernández, (Madrid, 2020)

FUENSANTA MARTÍN QUERO (Coín, Málaga, 1963). Poeta y articulista, cursó estudios de Derecho en la Universidad de Málaga y en la UNED. Pertenece al Grupo de Autoras por la Literatura y las Artes (Grupo ALAS), a la Asociación Colegial de Escritores-Sección de Andalucía (ACE-A) y a la Asociación Internacional Humanismo Solidario, movimiento crítico integrado por intelectuales y creadores del ámbito de la cultura.

Ha publicado cinco libros de poesía *(La esencia hallada, Interludio. Poesía escogida, Las esquinas, Casas de cal* y *Poemas de la oficina en el siglo XXI)*, y tres *plaquettes (Parajes del silencio, Lugares y figuras,* y *Latidos)*, además de ser coautora en numerosos libros colectivos de este género. Colabora con artículos, reseñas literarias y poemas en revistas especializadas, como *Almiar, Sur. Revista de Literatura* y *Luz Cultural,* entre otras. Ha participado en múltiples eventos culturales, entre los que cabe mencionar el proyecto Dar Tika: Poesía y Música Solidarias (de la Asociación Internacional Humanismo Solidario y la ONG Aid Children of the World, año 2015) y el II Encuentro de Escritores de ACE-A (Córdoba, 2018).

Sus versos han formado parte de diversas exposiciones de pintura y fotografía realizadas en Málaga y proximidades. Ha prologado el libro *Bajo un cielo añil,* de la escritora Ana Herrera y ha sido incluida en el Catálogo de Mujeres en el Arte en Málaga, elaborado por el Ayuntamiento de esta ciudad.

Blogs: http://escrituradefuensantamq.blogspot.com/
http://lecturasdefuensantamartinquero.blogspot.com/

LA PALABRA

Siega la lumbre roja de la tarde,
la habitación en calma desmantela
y entre dos cuerpos ruge, rompe, hiela,
haciendo del dolor fervor y alarde.

Pero la tarde azul de roja arde
si es bálsamo la voz y si consuela,
no hay resquicio ni muro ni cautela
a quien cobije fiel y salvaguarde.

Rayo o melaza, bífida estructura
que al corazón divide o lo repara,
llega como una lanza con premura

para aturdir las horas, o separa
de la llanura fértil la espesura
para sentir la vida a la que ampara.

SILENCIOS CRUZADOS

Abriéndose en la cuna del silencio
desde el contorno intacto de la Tierra,
del mar que amado como un cuerpo exhala
el amor del agua en su pureza,
abriéndose distinto y siempre igual,
el día es un labio que nos besa.

Lentamente los campos se desnudan,
el aire es un pájaro que vuela,
las ciudades dormidas contra el tiempo
batallando en las vías se desvelan
y en el hangar diurno las miradas
desatadas y libres ya no esperan.

El murmullo reinventa los instantes,
fotogramas cruzados los renuevan,
mudan la piel historias de otro día
que parecen historias siempre viejas,
trae el sueño a la gente nueva savia
y en las calles hay árboles que sueñan…
…mientras que tú no escuchas mis palabras
y yo impongo sobre tu faz mi ausencia.

LA VOZ BUSCADA

Mundano mundo,
incestuosa intemperie que acaricia a la arena.
Es la voz laberinto donde el encuentro gime
cuando derrama ecos ahuecados y turbios.
No encontrar la palabra en la que soy contigo,
en la que cada vez que una mirada puede
desentrañar el lago que en nuestra piel se oculta,
es dejar al destino olvidado en un foso,
marchitar la ventana con flores macilentas.

La voz es redención cuando yo soy contigo,
cuando tú eres conmigo en nuestra casa-tiempo
purificando al aire que alberga las miradas,
nuestras miradas juntas abiertas como un mirlo
que en el vuelo deshace la oscuridad del ala
y en su ligero canto absuelve a la esperanza.

EL GOLPE [56]

Vienes y me asestas
con tu palabra un golpe,
y entonces voy caminando despacio,
y arrastrando mis pies
sobre la dura acera donde mis ojos vierten
su inconsistencia frágil.

Tronchada voy
cuando tu voz me lanza sus reflujos,
desnudo queda
el áspero silencio que me trago,
mi frente descarrila por el aire
y curva su silueta interrogante.

No olvides nunca
   que soy una flor
   que siente y calla
      y se deshoja.

EL BUZO

Sumergidas las palabras bajo
la línea divisoria de dos mundos,
arco de la materia inigualable,
regazo de ingrávidas figuras,
templado templo de inexpugnable luz,
emprendió errática aventura subacuática
para no sentir –nunca más sentir–
de la lluvia ácida
el ardor sangrante de la piel,
la cáustica vileza
de cada maldad acumulada.

Solitarias las manos como livianos peces,
quiso indagar la esencia de los mares
más allá de la hiriente voz
que la estulticia clava.

Cansado ser que un día se puso la escafandra
y atravesó el espacio de la huida.

RUINAS

Son siglos el exiguo cemento
que compacta todo su ser
fraguado en una cumbre de silencio.
Cadenas de horas la senda ausente
y un riachuelo seco oculto por la hierba
donde el camino abría
el destino cierto de una estirpe
y las aves nictálopes impusieron su noche.

Ninguna esperanza resquebrajó la sombra,
aunque sola, abandonada por los siglos,
fue viajera insistente con sus alas abiertas
de rapaz carroñera que transforma la carne.

Las ruinas ocultan su esplendor ya pasado
en la cálida luz de mañanas templadas,
pero en cada piedra la intemperie
riega con palabras la voz de la memoria.

NENÚFARES

Nenúfares son las palabras que te dejo
en este estanque blanco y remansado
donde el silencio estuvo retenido.
Para ti cuyo espacio no es mi espacio,
cuyo fluir discurre en otro curso
dejo expuestas corolas solitarias,
nenúfares flotantes en el agua del tiempo
exhibiendo el color para un día futuro:
momento en el que tus ojos descubran
el escondido pulso de mis letras.

LEVEDADES

I

Sobre la verde superficie lisa
de agua salada aterriza un ave:
avión de carne y plumas,
efímero suspiro,
levedad que posa y despliega el vuelo
y no regresa o vuelve
pero distinto:
pensamiento que deleznable llega
a mi consciencia
y apenas permanece, fugitivo.

II

Mi vida ha sido un gran cuaderno de versos
por el que aún puedo vislumbrar
las caricias de las tardes ya pasadas
y los rincones en donde los parques
tornaban sus matices.
Y hoy, aquí, me encuentro de pronto
en mitad de un libro.

PLANETA

ENCARNA LÓPEZ NAVARRO

Larisa Sarria (Puerto de la Torre, Málaga, 2020)

ENCARNA LÓPEZ NAVARRO nació el 22 de diciembre de 1948 en Elche (Alicante). Lugar de residencia Málaga.

Estado civil: casada, madre de dos hijos y abuela de cinco nietos.

Cursos de Ciencias Políticas en la Universidad Complutense de Madrid. Título de Maestra de Enseñanza Primaria por la Universidad de Valencia. Diplomada en Psicopedagogía por la F.E.R.E. en Madrid. Diplomada en Educación Infantil.

Escritora de poemas desde la infancia, a partir de su trabajo con niños comienza a escribir cuentos y poesía infantil. Pertenece al grupo de escritoras de Málaga, ALAS.

En la década de 1990 colabora con sus poemas en revistas editadas en Águilas (Murcia). Allí en 2001 participa en la recopilación de un libro de poemas *El alma de un pueblo.* Con ALAS participa en la publicación de dos poemarios de *Wallada* y *Breviario,* un libro de mini relatos. En 2002, El Corte Inglés le publica *Historia de Málaga para los niños.* En 2004 recibe el segundo premio del Área de la Mujer del Ayuntamiento de Estepona en el concurso literario «Cartas escritas por una mujer». En 2008 publica con ALAS *Cuentos de Málaga,* un recorrido por la ciudad. En 2012 publica *Recreo,* siempre bajo el seudónimo «Gaviota», poemas y adivinanzas para iniciar a los niños en la lectura.

I

Yo no aprieto los objetos,
los rozo, los acaricio, los siento.
No mancho, aprovecho y reciclo todo lo que me rodea.
Sé que esta maravillosa esfera azul es mi hogar provisional
y no quiero estropearla, quiero dejarla como la encontré,
cuando me vaya.

II. EL VIAJERO LOCO

Se ponía frente al mar y viajaba en segundos a todas partes del mundo.
Yo era muy pequeña y lo observaba asombrada con mis grandes ojos:
«Me voy a PARÍS»
Y a los pocos segundos
afirmaba: «Ya he vuelto».
Recorría ciudades hermosas y lejanas todos los días y yo le admiraba por eso.
En el pueblo le llamaban loco, pero los locos a veces son más cuerdos en su locura que algunos pobres sensatos que no son capaces de ir más allá de su pueblo y de su calle, y se pierden la vida.

III. MARCO

No te quiero tocar
no vayas a desvanecerte
como un sueño.
Eres tan hermoso, tan pequeño y a un tiempo tan grande
para todos
que tengo miedo de haberte soñado.

IV. LUCHA

Tras puertas cerradas me cubrieron con velos
y me encadenaron a la ignorancia.
Pero mi mente traspasó
paredes y rompió candados.
Descubrí el mundo, luché en interminables batallas,
escalé montañas y conseguí la libertad.
¿Que quién soy?
Soy la mujer.

V. SIN PALABRAS

Voy al mar para contarle
a las olas mis sueños:
ellas me comprenden.

Voy al campo y hablo con los árboles,
y el viento se lleva las palabras
que no dice mi boca.

Mi boca ya no habla,
porque todos la han callado.

VI. UN LIBRO SIN LEER

Ese libro estaba dormido
en su interior una hoja de rosa seca.
¿De qué primavera?
Lo he leído.
Él ha despertado
y yo tengo su corazón.

VIII. BUSCANDO EL MAR

Cuando estoy lejos del mar, salgo a la calle a buscarlo, pero no lo encuentro.

Entonces me siento en el banco de un parque y lo sueño.

Azul, verde, gris, siempre el mismo y tan distinto.

Los barcos meciéndose en el puerto parece que hablan. ¿Qué dicen?

Gaviotas, pañuelos blancos que van de un azul a otro.

Sonidos de la mar, viejas canciones que cantan los pescadores remendando redes.

Caracolas que contienen rumores de sirenas.

Por la noche botes de luces en la bahía, en cada uno unas manos, una red, unos ojos que miran la farola.

Abro los ojos, me voy a casa feliz.

¡¡Vengo del mar!!

IX. LA ABUELA

Recordando a mi abuela Encarnación

La abuela nunca está quieta.
Hay que ver cómo trabaja,
siempre tiene en la despensa
algún dulce, alguna tarta.

Se sienta en la mecedora
que está junto a la ventana.
Mueve deprisa los dedos tejiendo jerséis de lana.

Me cuenta historias preciosas.
Cuando era joven, bordaba,
iba al colegio con trenzas
y nunca se maquillaba.

Me habla también de su abuelo,
que luchó en muchas batallas
y llevaba un uniforme precioso
con dos medallas.

A veces cierra los ojos.
Las manos sobre la falda.
La miro y está dormida
¡Chist…!
Silencio, que ahora descansa.

SÚPLICAS

MERCEDES SOPHÍA RAMOS

Larisa Sarria (Puerto de la Torre, Málaga, 2020)

MERCEDES SOPHÍA RAMOS, nació en Málaga, ha publicado en la *Colección Wallada de poesía*, Edición 8 y 9. Fue galardonada en el Colegio de Graduados Sociales por su Ensayo Social titulado: *«El sol de la mañana».* Ha publicado el libro *«7 Relatos pensados para ti»*, actualmente el libro está pendiente de la 3ª edición. Recientemente ha publicado el libro *«Reunidos con el sol».* La portada es obra de la pintora Larisa Sarria. Está editado por Jákara Editores. Sus poemas han estado expuestos en la Diputación de Málaga en variadas ocasiones, así como en el Ayto. de Málaga con motivo de la Noche en Blanco. Además de publicar en América Latina y en diversos poemarios de Poetas del Mundo. En el año 2015 fue elegido su poema «Es Mío» para el calendario de Amnistía Internacional. Ha participado con sus relatos en variados libros, entre ellos, *«Abrazándote con palabras».* Escribe en la Revista *Solera* del Ayto. de Málaga. Ha publicados artículos de temas sociales y biografías de mujeres en la historia. Ha sido invitada en diferentes ocasiones a dar conferencias sobre *«La Mujer en la Historia Malagueña».* En la actualidad, pertenece al «Grupo ALAS», a la «Academia de las Artes y las Letras Santa María de la Victoria» y a la «Tertulia Abierta del Ateneo de Málaga». Asimismo, está incluida en el Catálogo «Mujeres en el Arte de Málaga» promocionado por el Ayto. de Málaga. Pertenece a ACE (Asociación Colegial de Escritores de España), igualmente es socia de CEDRO España. Ha recibido variados reconocimientos, entre ellos, la Medalla de Oro de la Academia de las Artes y las Letras, por su labor como redactora y contribución cultural y literaria.

AMBULANTES

Por allí van,
se ven a golpe de vista,
solo cambia su color,
solo eso,
playa arriba y abajo
su género a la espalda
en tienda ambulante
a pie de arena.
Sus pies lo dicen todo.
¿Cuántos km harán?
Mejor no contar.
No insisten ni molestan,
su *marketing* es pasar,
andar y andar sin parar,
mejor no pensar.
Si no se esconden,
nada deben temer.
Venden para no pedir.
Mejor imposible,
ganarse la vida sin sufrir,
entonces no perseguirlos
dejadlos vivir.

BASURA

Es algo parecido a usar y tirar,
tiran de mí por temporadas
agridulce llamada donde acudo
nadie debería estar disponible.
Ni yo ni nadie se debería prestar
a aquello que no conduce a nada.
El miedo y la sumisión me dictan
que es mejor poco que nada:
el conformismo no abdica en mí.

Pronto seguiré en la cola
de los inestables, de los quietos,
de los que no tienen proyectos.
A veces me pregunto
si será verdad que soy inservible;
otras veces levanto la cabeza,
aprieto bien el alma y creo en mí.
Entonces, derrocho mis fuerzas
y espero mi gran oportunidad.

HUIR

Quién fuera gaviota salvaje,
esa que está en libertad
y que pasa inadvertida
sin más fronteras que el mar.
Si alguna vez
pudiera huir del rebaño,
si alguna vez pudiera huir del redil,
sin encierros ni chiqueros
donde no me hicieran daño.

MENDIGO

¿Dónde iré esta noche?
Ese cajero está cerrado.
Mejor dormir en un banco,
mi perro y yo nos arropamos.
En las casas de acogidas
no me dejan entrar con él
y yo sin él no vivo.

ELIMINAR

Jugar, jugar y jugar,
maldita publicidad,
destripada avaricia.
Ganar, ganar y ganar,
repugnante mentira
que mutila la razón.
¡Eliminar, eliminar ya!

INFAMIA

Entre ellos debaten
dan golpes en la mesa
hacen mucho ruido
quieren hacerse oír
¿El planeta?
Les importa un bledo
todo quedó olvidado,
tirado en una papelera.
La mesa sigue intacta.
¿Y nosotros?
Con nuestra pequeñez
gritando en el desierto,
aplastados y contaminados,
respirando aire envenenado,
intoxicados.
Emisiones turbias
que destrozan la vida,
agreden a la naturaleza,
la engullen lentamente.
Los glaciares siguen llorando,
su supervivencia se agrieta,
se derriten por la infamia
de todo y de muchos;
sus reveladores trozos caen
dentro de un mar plastificado.
Allá, en los confines del caos
nadie queda incólume.

OFENSA

Después de tanto tiempo,
desde la eternidad existiendo,
vendiendo la boca de rojo carmín
púrpura que se torna en negro,
espantada de tanta insidia
se vuelve a cumplir lo infausto:
mercados de cuerpos de alquiler
ajustando precios al completo.
Los vientres también valen,
todo se vende.
Adolescentes rebeldes
buscando la heredad que no tienen
con la pobreza como insignia.
Es fácil tropezar con tantas piedras,
mujeres apartadas, excluidas;
las oportunidades quedan cegadas,
el nombre las identifica para siempre,
cruel palabra que ofende y señala;
ellas van buceando por el limbo
en una partida pérdida y sin regreso
la etiqueta les cuelga de su espalda,
nada justifica tanta injusticia.
Nadie se manifiesta, no hay ofrenda;
mientras, el mundo gira.

REPROCHO

Reprocho a las leyes turbias,
esas que solo hacen sufrir,
que invaden y entorpecen,
las que arrollan a la felicidad,
las que hacen llorar.
Reprocho sus mandatos,
me revelo a toda sangre,
me mojo y, si hace falta,
me baño entera
en su defensa plena.
Reprocho la imposición
por fuerza sí o sí,
atropellando al débil,
arrojándolo a la nada,
desahuciándole.
Reprocho sus designios,
los que castigan a la alegría;
me impongo a su soberbia,
a los misiles que fulminan,
a quien los dirige y ejecuta.
Reprocho las vallas que separan,
las que extorsionan y excluyen,
esas que desalientan y desesperan,
las que exilian a la esperanza,
aquellas que muerden los sueños.
Reniego de todas sus reglas.

ADAGIO

ROSA RUIZ GISBERT

Larisa Sarria (Puerto de la Torre, Málaga, 2020)

ROSA RUIZ GISBERT nació en Málaga el 8 de septiembre de 1937. En la actualidad jubilada. A destacar: Accésit Premio Relosillas, año 1993; Accésit Certamen de Cuentos del Ayuntamiento de Mijas, año 1994; Finalista al Premio Relato Breve Ciudad de Peñíscola, año 1995. Participación en el libro *Cuentos de Narradores Malagueños,* editado por la Generación del 27, año 1997. Tres relatos publicados en otros tantos libros del Taller Literario Fuentetaja, de Madrid. Segundo Premio de relatos de la Federación Ágora, Málaga año 2002. Primer premio de poesía de la Asociación de Mujeres Peñas Blancas de Estepona año 2003. Accésit de poesía Ayuntamiento Loja año 2005. Varias publicaciones de relatos en prensa y otras publicaciones en libros colectivos de relatos: *Breviario* (2003), *Herótiko's* (2006) y poesía *Wallada I* (2001), *Wallada VII* (2009). Colaboraciones en la revista cultural y científica *Isla de Arriarán.* Publicó su primera novela en la Colección Áurea de ALAS, *El hechizo de Lucy,* en 2008 con la colaboración del Área de Igualdad de Oportunidades de la Mujer.

Tiene publicados dos libros de memorias: *El cuervo de Poe* y *El patio de mi casa,* en Ediciones El Genal en 2016. Su última publicación es *El clamor de las mujeres,* Ediciones El Genal de Málaga.

INTERLUDIO

Sobre el roñoso pañuelo
las monedas de la limosna.
Las notas de un interludio
encienden el aire quieto
de una tarde gris en Nueva York
y cruzan presurosos viandantes
deshabitados, huecos,
ignorando la melodía.
Se acumula nieve en las esquinas.

COMO UN ECO

Ayer tu voz era como un eco
que tanteaba las paredes hasta encontrar asiento.
Persiste tu delirante entusiasmo
y tu fragor de oleajes pasados.
Quiero devolverte el regalo
y me viene un olor de heliotropo
dulzón, como de muerte que se anuncia
y luego todo es fatiga,
y me pierdo en soterrados laberintos.

VIEJOS BAÚLES

Abrir viejos baúles en tardes de lluvia
donde antiguas fotografías de color sepia
revelan historias de tiempos idos:
mantillas de encaje y vistosos abalorios
añoran los cuerpos de perfumadas damas,
el son alegre de valses y rigodones
y el encanto mustio de noches estrelladas.
Un mundo encantado el de los viejos baúles
que mantienen a oscuras todos los secretos.

RECÓNDITA PLAYA

Entre las dunas y el horizonte
se yergue el esplendor de la tarde
cuando el mar es un pretexto
por el que fluye la nostalgia
y el aire se perfuma de algas y salitre.
Recóndita playa donde olvido mis enojos
y los recuerdos acechan.
Las altaneras nubes cruzan caprichosas
y desde aquí abajo las miro
envidiosa de su Olimpo,
de su belleza evanescente.
Me persigue una avidez
como un festín de lo efímero
en otro de mis atardeceres solitarios.

ARAUCARIA

Llegas tú por el sendero
en el hueco de las horas vacías.
Tu figura que llena mis noches
cuando las noches se vuelven íntimas.
Quietas nubes en lo alto
se adormecen placenteras.
Al fondo, en el aire se recorta
la verde silueta de la araucaria.

EN SILENCIO DE DIOS

Instalada en mi otoño
voy dejando un aliento cansado
en las cosas que me entretienen;
intento construir sobre repeticiones
en silencio de Dios
y solo brotan palabras antes usadas.
Ahora que se acortan mis días
parece que las horas se dilatan
y un ramalazo de insignificancia
me abruma de pronto
como si pájaros cayeran al suelo.

LO QUE TRAE EL AIRE

Trae el aire un olor de siega
de mies extendida en la era,
aguardando el momento de la trilla.
Y es raro un olor a campo en la ciudad,
siempre tan despeinada,
tan ruidosa,
tan expuesta a sacudidas…
Me ha corrido un prado por las venas
y he sentido el canto melodioso
del chirriar de la noria
y el arrullo de un son de agua
entrar por mi ventana abierta.

AUSENCIA

En este instante preciso
en que octubre comienza
cuando tú debieras estar
y permanece frío el asiento
de tu sillón favorito
que la ausencia dejó vacío,
yo palpo el lomo de tus libros,
acaricio tus retratos
y me parece que fueras a entrar
como una hoja de otoño
que el viento empujara
hasta mi ventana.

AQUEL FULGOR INTRUSO

ALICE WAGNER ORTUÑO

Larisa Sarria (Puerto de la Torre, Málaga, 2020)

ALICE WAGNER ORTUÑO, hija de madre española y padre alemán. Es profesora, traductora e intérprete de alemán. Trabajó en la Comisión Alemana de Emigración. Ha realizado estudios de psiquiatría infantil, psicomotricidad, psiquiatría-Comunitaria. Tiene publicados los poemarios: *Adamar la memoria,* 1996, *A tientas,* premio Amatista 1998, *Wallada nº 2* Edición ALAS 2001, La Red, premiado y publicado en la revista *Álora la bien cercada,* 2000. *Versos para un fin de milenio* (premio Ayuntamiento de Motril) y la Antología poética editada en la Colección de poesía ALAS en 2011. En 2017, aparece la reedición de *Adamar la memoria,* en versión bilingüe (español-alemán), traducida por la autora. Y el cuaderno *En contra del enigma.* Forma parte de la guía de Artistas y Escritoras Contemporáneas Andaluzas.

COLECTIVOS: Varios poemas homenaje en el Centro de la Generación del 27, y en La Academia Iberoamericana de las Letras (1998-1999). IRONIA, «Versos de La Torre del reloj», «Los Márgenes del viento» (2006), «Desde esta orilla» (premiado). «Cuadernos de Publicapitel de relatos.» Cuaderno de Publicapitel: «En Contra del enigma», (2O15) «Cuaderno de Publicapitel nº4 «La Copla».

Ha participado en los poemarios de ALAS, Wallada nº 2, nº 8 y nº 9. Como prosista ha publicado relatos cortos en diversas revistas. Forma parte de la Guía de Artistas y Escritoras Contemporáneas andaluzas.

I. AQUEL FULGOR INTRUSO

Pavesas apagadas
que no ahuyentan la muerte.
El disimulo escucha
testimonios de fe, míseros.

Velas de la dulzura, la luz de la caverna,
y cuando a ti no acude la nave del olvido
y sabes con certeza que perdiste la apuesta,
ser botín de la noche será lo que te quede.

Porque, cruel, el sol
fulgirá a tus espaldas, varada entre narcóticos
para seguir muriendo,
alada, pero yerta, errada.

De pronto un latigazo te despierta
y sales renovada de la tiniebla,
como Venus en su renacimiento.

Una pavesa libre que se enciende,
como arpegio sonoro cruza el aire.
El corazón se agita, se dilata,
y se colma el vacío de pasiones.

Ebria de luna
conjuro a los fantasmas, aunque mis labios sigan
al borde, en el extremo de la última caricia,
huérfanos de los tuyos.

Un vapor suspendido
muda en algarabía y se engolfa en ahíncos,
y de la boca brotan cantos sensibles
como cadencias de oro.

II. SONETO AL MAR

Toda huella borrada de mirada interior
el misterio provoca de llanuras de arena.
Prehistóricos peces nadando en su claror,
todas las oraciones, no calman su condena.

Ven, arpa de altos brillos, olas, orgías dulces,
búsqueda silenciosa, el desierto profundo,
desconocido miedo, tus adentros de luces
balanceándose al borde del lenguaje rotundo.

El camino de espumas rompe lazos diurnos,
las rocas se conmueven cual huellas horadadas,
esperando en silencio consecutivos turnos.

y no duerme esta luz enredada en mareas
de su clamor profundo, llanuras, hondonadas,
este mar encrespado que con miedo sorteas.

III. ENSUEÑO DE DICHA

De aquel rasguño de luz
queda ya poco tiempo anclado en la memoria,
y el amor se resiste enganchado en un verso.
Decrece la esperanza
a la lenta furia unida de saber
que un amante que hoy apareciera
sería tibio, corto su tiempo.
Desconozco su ser, la blanca cascada
de su corazón. Lo pienso, creo que inútilmente
le ama mi deseo. No se cuál es su día a día,
no sé si me buscaría después de una charla
en la penumbra. Y siento que jamás
obtendré mi deseo. Todo quedará en la mente
de una gran soñadora.

IV. NINGÚN INTENTO

Miro las nubes que huyen
en pesadas bandadas hacia el ocaso,
hacia la adusta santidad de la cumbre,
hacia la aniquilación de lo viviente.
Veo cómo se agrupan para formar
largas estrías que penden sobre la tierra, lívidas.
No dejan tras de sí ninguna huella
que corra hacia lo ignoto.
Ningún intento para vivir arriesgan.

Son para mí veladuras de la memoria
que evitan el desconsuelo y la tristeza.
Dispersan la ensoñación como manchas de vitíligo.
Suturan y drenan mi herida
con ancestral sentimiento, como una fina hebra
que serpentea entre las piedras.

Se ensartan en un haz de luz sobre mi vientre,
sin ningún intento, y me dejo
profanar por ellas,
como una virgen en el tálamo.

V. JUAN DE URBIETA

Imágenes precisas de mi infancia,
de un pasado no imaginado, asomada al balcón
que daba a la calle Juan de Urbieta, realidad ya ida.

La calle adoquinada y gris y, en la acera de enfrente,
la LECHERÍA DE LUCAS. Todavía había vacas con cencerro
y un olor a heno dulzón que la vaquería impregnaba.

La zapatería de HIGINIO con sus toldos verdes,
y cuando hacia el balcón subían las notas del piano,
bajaba de inmediato a la trastienda,
donde ELIA tocaba con entusiasmo la MARCHA TURCA
DE MOZART, que yo escuchaba extasiada.

Hoy transcurren mis recuerdos ante mí,
como un fogonazo.

VI. ARCOS DEL CENADOR

El tiempo ha azotado sin piedad
los arcos del cenador,
otrora plenos de cegadora luz
y buganvillas resplandecientes.
Entre ellos no existían la angustia
ni el desamparo.
Mi cuerpo era joven y alerta.
Me crecieron peces en el vientre
y el agua palpitaba en mi fuente
como un verdoso zafiro.
Pero no quiero llorar por lo perdido,
quiero sonreír, porque existió,
como troquel de mil perfumes.

VII. VIDA

La vida es una oquedad
repleta de sonidos,
transparencias de celofán
las ilusiones;
como cantar sin cuerdas,
un vano intento.
Pero todo se mueve
dentro de un cuerpo vivo,
en un ir y venir de fluidos
que despiertan la terrible soledad...

VIII. PASIONES

A veces trenzo mis pasiones
y su voz suena a ronroneo
de viento y de agua.
Después, cuando suspiran por dentro,
no puedo acostumbrarme.
Como la garra extendida de un gato,
la lucha por la supervivencia
posa sobre el mármol su propia fuerza.

Índice

La presente edición es la
nº 10
de la Colección de poesía Wallada
al cuidado de Aurora Gámez Enríquez.
Se terminó de imprimir en Málaga,
el 8 de marzo de 2020,
Día Internacional de la Mujer.